L'ABBÉ THENON

FONDATEUR ET DIRECTEUR

DE

L'ÉCOLE BOSSUET

SA VIE ET SES ŒUVRES

Allocution prononcée par M. l'abbé de Broglie,
le 9 janvier 1882,
dans la chapelle du patronage de Sainte-Mélanie,
a la suite du service funèbre
célébré pour l'âme de l'abbé Thenon,
ancien président du patronage,
président de l'Association de Sainte-Mélanie.

PARIS-AUTEUIL

IMPRIMERIE DES APPRENTIS-ORPHELINS. — ROUSSEL
40, RUE LA FONTAINE, 40

1882

L'ABBÉ THENON

FONDATEUR ET DIRECTEUR

DE

L'ÉCOLE BOSSUET

SA VIE ET SES ŒUVRES

Allocution prononcée par M. l'abbé de Broglie,
le 9 janvier 1882,
dans la chapelle du patronage de Sainte - Mélanie,
a la suite du service funèbre
célébré pour l'ame de l'abbé Thenon,
ancien président du patronage,
président de l'Association de Sainte-Mélanie.

PARIS-AUTEUIL

IMPRIMERIE DES APPRENTIS-ORPHELINS. — ROUSSEL
40, RUE LA FONTAINE, 40

—

1882

Erat lucerna ardens et lucens.
C'était une lampe ardente et brillante.

Ces paroles s'appliquent admirablement au saint
prêtre que nous pleurons. Lumière par l'intelligence,
par la science et le travail, il était ardeur et chaleur
par sa bonté et sa charité. Il n'avait que cinquante
ans lorsque la mort nous l'a enlevé, mais c'est à une
vie si bien remplie que l'on peut appliquer les paroles
de la Sainte Écriture : *Consummatus in brevi
explevit tempora multa.* Consommé en peu de jours,
il a accompli des œuvres dignes de remplir une
longue durée.

Je croirais blesser la modestie de l'ami et du père
que nous pleurons en faisant son éloge. Je me con-
tenterai de raconter les faits de sa vie. Ces faits par-
lent assez d'eux-mêmes et n'ont pas besoin de com-
mentaire. Avant de commencer ce récit, je vous
demande pourtant la permission de vous signaler
trois idées qui ressortent tout naturellement de cette
belle vie, et qui peuvent servir à en lier entre eux les
différents événements.

Ce sont en premier lieu la sainteté personnelle et
l'esprit sacerdotal qui se sont développés chez
M. l'abbé Thenon, bien qu'il ait passé une grande

partie de sa vie dans un milieu qui, par lui-même, semblait peu favorable à la production de ces vertus et de ces mérites d'ordre surnaturel.

C'est en second lieu la préparation providentielle de M. Thenon, pendant tout le cours de sa vie, à la grande œuvre qui restera inséparable de son nom, celle de l'externat de lycéens.

En troisième lieu je dois, en parlant dans la chapelle de Sainte-Mélanie en présence des directeurs actuels et des anciens membres de cette œuvre, signaler le rôle important du patronage de Sainte-Mélanie dans la vie et la vocation de l'abbé Thenon, et réciproquement l'action puissante de M. l'abbé Thenon sur l'organisation et le développement du patronage.

Né dans une famille chrétienne, Léon Thenon puisa dans les enseignements d'une mère pieuse cette foi ardente qui a soutenu toute sa vie et inspiré toutes ses œuvres. Il fut ensuite placé pour son éducation littéraire comme interne dans une institution qui suivait les cours du lycée Charlemagne.

Je n'ai aucun motif spécial pour dire que l'esprit de cette institution fût pire que celui de tout autre du même genre ; tout au contraire, le fait qui m'a été raconté, à savoir que M. Thenon avait fondé, au sein même de l'institution, une conférence de Saint-Vincent de Paul, semblerait indiquer que la foi chrétienne pouvait y être professée plus librement qu'elle ne le serait de nos jours dans beaucoup d'institutions laïques.

Mais, sans critiquer la direction de l'institution elle-même, nous pouvons dire que trois circonstances tenant à la nature même d'une telle école et indépen-

dantes de la volonté des maîtres, y rendaient la conservation de la foi chrétienne très difficile. C'était en
premier lieu l'internat, cette vie contre nature, si fu-
neste pour la vertu autant que pour la santé, l'internat que M. Thenon combattra plus tard avec tant
d'énergie. C'était en second lieu la surveillance
confiée à des maîtres qui n'étaient pas, par leur
profession même, comme le sont les prêtres et les religieux, tenus au dévouement absolu qu'exige une
œuvre difficile, c'était enfin le mélange nécessaire
de jeunes gens appartenant à des familles d'opinions
et de croyances très diverses. Dans ce milieu si
défavorable, où la conservation de la vertu d'un
jeune homme est un miracle, Léon Thenon resta
ce qu'il avait été dans sa famille; il traversa
sans défaillance dans sa foi, sans atteinte à sa
vertu, cette époque si difficile de l'adolescence.
Ne peut-on pas voir dans cette première partie de sa
vie le commencement de cette préparation à son
œuvre future que j'ai indiquée plus haut? Les dangers
auxquels le secours de Dieu et son énergie l'avaient fait
échapper, il les connaissait mieux qu'un autre. Peut-
être avait-il été témoin du naufrage de plusieurs de ses
compagnons de route Lorsque nous le verrons plus
tard si zélé pour fournir aux jeunes gens les secours
qui lui avaient manqué à lui-même, et en même
temps si miséricordieux pour leurs faiblesses, ne
pouvons-nous pas supposer que sa pensée se repor-
tait souvent à ses souvenirs de jeunesse, et lui
appliquer, en prenant le mot de mal dans le sens de
l'épreuve et non de la souillure, ce vers du poète:

Non ignara mali, miseris succurrere disco.

Ce ne fut d'ailleurs pas seulement au point de vue de la foi et des vertus chrétiennes qu'il se signala ; le futur apôtre de la jeunesse des lycées devait d'abord être le modèle sous tous les rapports de ceux qu'il devait évangéliser. Le premier prix de philosophie au concours général (qui ne s'appelait pas encore prix d'honneur) prouve qu'il savait joindre le travail et la science à la piété.

Semblable sous tous les rapports fut sa conduite à l'École normale. Il fit partie de ce groupe de jeunes gens chrétiens, professant hautement leur foi, qui consolaient dans sa difficile tâche l'aumônier de cette école, et qui au dehors étaient engagés avec ardeur dans les œuvres de charité. Il devint membre de la conférence de Saint-Médard, réunion si vivante où se pressaient déjà de nombreux élèves chrétiens des grandes écoles. La conférence Saint-Médard se tenait dans le local du patronage Sainte-Mélanie, dans l'ancienne maison des Bonnes-Etudes, rue des Fossés Saint-Jacques, n° 11, lieu vénéré où l'on gardait le souvenir des premiers essais de Conférences faites vers 1834 par Ozanam et ses amis. Par la conférence Saint-Médard, M. Thenon se trouvait donc amené à connaître le patronage de Sainte-Mélanie, et à subir l'influence singulière et l'esprit de fascination que cette œuvre a si souvent exercée sur ceux qui l'ont fréquentée.

Pourquoi cette œuvre, si simple et si vulgaire en apparence, et qui, à l'époque où M. Thenon l'a connue, en était encore à ses débuts, est-elle devenue une pépinière de vocations sacerdotales et religieuses, tant parmi les confrères de Saint-Vincent de Paul qui l'ont dirigée que parmi les ouvriers qui ont fait leur éducation religieuse et professionnelle sous le patronage de cette maison ? Pourquoi en est-il sorti un si grand nombre de prêtres et de religieux, sans compter les laïques fervents qui ont fondé des œuvres dans toute la France ? Pourquoi ceux qui ont fréquenté cette œuvre, même pendant un temps très court, en ont-ils conservé un si long et si efficace souvenir ?

Nous n'avons pas la prétention de répondre à cette question. Nous constatons seulement le fait que c'est à Sainte-Mélanie que M. Thenon, comme beaucoup d'autres, a senti naître en son cœur le désir d'une vie apostolique et consacrée aux âmes. Nous pouvons ajouter que, mieux que personne, il a compris combien il serait utile de cultiver le précieux souvenir de cette œuvre ; c'est en effet pour ne rien laisser perdre du fruit de cette influence qu'il a institué lui-même, dix ans plus tard, l'Association de Sainte-Mélanie, union fraternelle de prières et de charité entre les anciens membres de l'œuvre, dispersés dans diverses carrière et dans différentes parties de la France.

Au sortir de l'École normale, M. Thenon fut envoyé successivement dans deux lycées de province. Là, il se montra ouvertement chrétien : et les habitants de la ville de Saintes furent avertis, dès le premier dimanche qui suivit son arrivée, que le nouveau professeur du lycée était un homme de foi : on le vit en effet communier à la grand'messe de sa paroisse. Une manifestation si publique ne serait pas toujours opportune, et ne pourrait pas être conseillée à tout le monde, mais chez l'abbé Thenon cette profession de foi était si spontanée et si sincère, si évidemment dégagée de tout motif humain, et accompagnée d'un tel ensemble de vertus et de talents, qu'elle ne suscita pas l'opposition et la critique qui se seraient produites en d'autres circonstances.

Il se montra aussi dès cette époque animé de ce zèle pour le salut des âmes qui a été le trait dominant de sa vie entière. Il fonda des conférences de Saint-Vincent de Paul dans les lycées, et chercha à reproduire, dans des patronages d'apprentis qu'il organisa lui-même, le type qui l'avait si vivement frappé à Sainte-Mélanie. On raconte que sa confiance en la Providence était telle que dans plusieurs circonstances, n'ayant pas trouvé de local pour commencer une œuvre, il réunissait les apprentis dans une prairie voisine de la ville, pour présider à leurs jeux et les conduire aux offices de la paroisse.

Le zèle apostolique, néanmoins, ne le détournait pas de ses devoirs professionnels. En 1856, il fut envoyé à l'école d'Athènes et parcourut, avec une mission du gouvernement, l'île de Crète et une partie de l'Asie Mineure. Il rapporta de ce voyage des notes précieuses, qui furent plus tard publiées par son ami M. Perrot. On lui doit aussi la découverte d'une importante inscription qu'il a relevée près de Gortyne. Mais déjà M. Thenon se sentait appelé à une vocation plus haute que celle de la science; il ne se hâta cependant pas de suivre l'attrait qui le portait vers une consécration complète et extérieure au service de Dieu. Il continua pendant plusieurs années encore cet apostolat laïque dans lequel il excellait.

C'est à cette époque, lorsqu'il fut revenu à Paris, que je fis connaissance avec lui, dans une réunion du conseil du patronage de Sainte-Mélanie. Le souvenir de cette réunion est encore vivement présent à mon esprit, et il me semble qu'en m'y arrêtant un instant, je ferai mieux connaître le prêtre vénéré que nous pleurons. L'histoire de l'abbé Thenon est d'ailleurs si étroitement liée à celle de l'Œuvre de Sainte-Mélanie que l'on me pardonnera cette digression.

Me trouvant de passage à Paris, j'étais venu assister au conseil de Sainte-Mélanie. On y traitait une très grave question : il s'agissait de l'organisation même de l'Œuvre. Jusqu'à ce moment, l'un des rouages principaux de la direction du patronage Sainte-Mélanie était un fonctionnaire salarié, chargé de surveiller les enfants en l'absence des confrères, de tenir la caisse d'épargne et de faire la visite dans les ateliers. Des inconvénients graves ayant paru résulter de cette organisation, le conseil s'était adressé à la congrégation des frères de Saint-Vincent de Paul, dont la mission spéciale est de diriger les patronages. Cette congrégation, sollicitée, comme elle l'est encore, par un grand nombre d'œuvres, s'était vue obligée, faute de personnel, de refuser son concours.

L'embarras était grand, car le retour à l'ancien système paraissait dangereux. Un membre du conseil émit l'avis que les confrères de Saint-Vincent de Paul, malgré leurs occupations personnelles nombreuses, pourraient, à force d'assiduité et de dévouement, donner à leur action assez de continuité pour se passer du concours d'aucune personne spécialement attachée à l'œuvre. Cet avis pouvait sembler imprudent, car l'œuvre des patronages est une véritable œuvre d'éducation, entraînant à l'égard des enfants et de leurs parents une responsabilité assez grave, et l'on pouvait se demander comment de jeunes étudiants ou de jeunes avocats, entraînés de divers côtés par leurs occupations professionnelles, menacés continuellement d'un changement de résidence ou de situation sociale, pourraient mener à bonne fin une pareille entreprise, sans le concours d'aucun élément fixe et spécialement attaché à l'œuvre. M. Thenon prit la parole pour discuter cette importante question.

Je n'oublierai jamais l'impression que me fit ce jeune professeur, sa figure intelligente et sympathique, la clarté de son exposé, la hardiesse chrétienne jointe à la prudence avec laquelle il pesa les raisons pour et contre cette grave décision. Son avis, favorable à la direction du patronage uniquement par les confrères, fut adopté par le conseil, et devint la constitution future du patronage de Sainte-Mélanie.

Vingt et un ans se sont écoulés depuis cette époque, et jusqu'à présent la Providence a montré que M. Thenon avait eu raison de compter sur le dévouement de la jeunesse chrétienne et sur la protection spéciale que Dieu accorde à cette œuvre bénie. Le personnel des confrères s'est plusieurs fois entièrement renouvelé ; mais jamais il n'a manqué de jeunes gens dévoués pour diriger l'œuvre, et chose singulière, malgré le changement des hommes, les traditions de l'œuvre se sont conservées avec une fixité surprenante, et les anciens membres de l'œuvre revenant, au bout de dix ou quinze ans d'absence, retrouvent les usages et les institutions tels qu'ils les avaient connus autrefois. Cette protection de la Providence s'est manifestée tout spécialement en 1867 ; au moment où il semblait que tout fût perdu, les confrères qui dirigeaient l'œuvre ayant dû la quitter tous à la même époque sans être remplacés, un nouveau confrère survint, fut nommé président moins d'un mois après son entrée dans l'œuvre, et lança de nouveau le char dans la carrière.

Si la décision prise en 1861 devait être prise aujourd'hui, M. Thenon aurait-il été, aurait-il dû être aussi confiant ?

J'ai peine à le croire, et sans vouloir être par trop *laudator temporis acti,* sans vouloir déprécier la jeune génération actuelle par rapport à celles qui l'ont précédée, il me semble qu'il y avait, du temps où nous étions jeunes, plus d'ardeur, plus de dévouement et d'esprit de sacrifice chez les jeunes chrétiens que l'on n'en trouve aujourd'hui.

On craignait moins de consacrer son temps aux œuvres ; on ne se croyait pas obligé à autant de visites mondaines ; les courses d'Auteuil ou de la Marche tenaient une place moins grande dans les occupations de la jeunesse ; on se contentait moins aisément de donner son nom et quelques heures par mois à une œuvre ayant sa direction assurée ; on préférait se donner soi-même tout entier.

Je voudrais me tromper dans ce jugement, je voudrais surtout voir renaître ce feu sacré pour les œuvres de jeunesse, cette imprudence peut-être, cette folie du dévouement que se rappellent ceux qui ont fait partie des conférences de Saint-Vincent de Paul il y a un quart de siècle. Il y a dans nos œuvres bien des hommes d'une grande foi et d'un zèle admirable ; mais ils vieillissent, et je ne vois pas autant que je le voudrais de jeunes pousses croître à l'ombre de ces grands arbres.

Mais revenons à M. Thenon. L'avis courageux qu'il avait donné fut bientôt pour lui l'occasion d'une responsabilité plus grave. Déjà vice-président du patronage au moment du conseil dont je viens de parler, M. Thenon fut, quelques mois après, investi de la présidence. Il eut alors à fonder les traditions de cette œuvre originale qui dure depuis si longtemps, et semble ne reposer sur rien. L'organisation du patronage, la forme spéciale de piété sérieuse et simple qui le caractérise, les associations qui servent de moule aux jeunes gens qui grandissent, presque tout ce qui donne à Sainte-Mélanie son aspect particulier et pour ainsi dire unique, date de M. Thenon.

Il ne fut président que quelques mois, mais son influence sur les confrères, sur les ouvriers, sur les apprentis, sur l'œuvre entière fut très profonde et très durable.

C'est pendant sa courte présidence que M. Thenon, qui semble avoir eu toute sa vie des aptitudes spéciales de fondateur, provoqua la naissance d'une œuvre sœur de Sainte-Mélanie, le patronage de Sainte-Rosalie, dans le quartier de la Glacière.

Le moment cependant était venu où il fallait obéir à des appels plus pressants de la grâce divine. En octobre 1862, M. Thenon, déjà démissionnaire de ses fonctions universitaires depuis plusieurs mois, quitta sa famille et ses œuvres pour aller s'enfermer dans la solitude du séminaire d'Issy. Ceux qu'il quittait ne l'oublièrent pas, et chaque dimanche on put voir, le long de la rue de Vaugirard, un groupe d'apprentis et d'ouvriers venant rendre visite à leur ancien président.

Revenu à Paris pour faire sa théologie, M. Thenon fut chargé de la direction du catéchisme de persévérance de Saint-Sulpice. Il reprit là son rôle d'apôtre ; sa bonté et son zèle laissèrent de longs souvenirs dans le cœur des enfants qui fréquentaient le catéchisme, et aussi dans le cœur de leurs parents. C'est alors que se manifesta la volonté de la Providence et qu'il se trouva placé, sans l'avoir prévu, en face de l'œuvre qui devait occuper le reste de sa vie. Il retrouvait en effet, au catéchisme de persévérance, des lycéens semblables à ses camarades de Charlemagne et aux élèves qu'il avait instruits comme professeur de l'Université. Il les retrouvait, ayant acquis dans la vie des œuvres un sentiment plus vif du besoin des âmes ; il comprenait mieux les dangers que courent les jeunes gens quand l'influence religieuse ne vient pas réparer le mal causé par le souffle corrompu du monde. Avec son cœur d'apôtre et de père, il prenait part aux sollicitudes des mères qui venaient lui parler, soit à la fin des séances du catéchisme, soit au parloir du séminaire.

C'est ainsi que l'idée des externats de lycéens se forma dans son esprit. L'abbé Thenon n'avait point de goût pour les discussions théoriques, et n'a jamais pris parti dans les questions controversées entre les catholiques. Il connaissait par expérience les défauts et les dangers de l'enseignement universitaire, et ne blâmait nullement les scrupules de ceux qui croient que l'enseignement libre, dirigé d'une manière exclusivement chrétienne, est la seule forme d'éducation que puissent choisir, quand elle est possible, les parents soucieux de la conservation de la foi de leurs enfants. Mais il savait aussi qu'en fait, par de nombreuses raisons qu'il est inutile d'indiquer ici, un grand nombre d'enfants dont les familles sont chrétiennes, fréquentaient et fréquenteraient encore longtemps les établissements universitaires. Il savait qu'il trouverait, parmi le corps des professeurs et des dignitaires de l'Université, un nombre notable de chrétiens pratiquants et un nombre plus grand d'hommes disposés sincèrement, quelle que fût leur croyance personnelle, à respecter la conscience de leurs élèves. Il appréciait d'autre part les avantages spéciaux de l'éducation publique, cette lutte énergique contre tous venants, cette concurrence à ciel ouvert, si utile pour obliger au travail et pour fortifier les âmes. Il pensait aussi que, si le contact des adversaires de la foi est dangereux pour les âmes faibles, il peut quelquefois servir à tremper les caractères forts et à les préparer aux luttes futures de la vie. Par tous ces motifs, il jugea qu'il était possible et, par conséquent, opportun d'essayer de concilier une éducation fortement chrétienne avec l'enseignement des lycées. Il voulut seulement que deux influences puissantes vinssent se combiner avec celle de l'enseignement public : celle de la famille d'abord, et ensuite celle de la religion, représentée par le prêtre. Il exigeait absolument l'intervention de la famille ; il repoussait l'internat en principe et ne l'admettait comme une exception que dans le cas d'absolue nécessité. Il voulait que l'enfant rentrât chaque jour, fût-ce à huit heures du soir, chez ses parents. Le nom même de l'Œuvre indique cette pensée du fondateur.

Quant à l'action du prêtre, elle devait s'exercer entre la classe du lycée et le retour dans la famille, le prêtre étant à la fois le répétiteur et l'éducateur de l'enfant. Limitée ainsi à un temps relativement court, exposée à être remplacée par une influence contraire dans les heures où l'élève était séparé de ses directeurs ecclésiastiques, cette influence chrétienne et sacerdotale devait être singulièrement puissante ; aussi M. Thenon répétait-il souvent qu'il fallait pour son œuvre des prêtres animés d'un grand esprit surnaturel, des hommes de foi et de zèle à un haut degré, et pour que son œuvre fût complète, il voulait que ceux qui la dirigeraient se soumissent à une règle et entretinssent leur piété au moyen des secours puissants de la vie commune.

Son plan étant conçu, il songea à l'exécuter. Les éléments principaux se trouvaient sous sa main. Ses futurs élèves se trouvaient parmi les enfants du catéchisme de Saint-Sulpice ; ses futurs collaborateurs, parmi les catéchistes. Née, pour ainsi dire, au sein du catéchisme de persévérance, l'école Bossuet est devenue l'un des plus fermes appuis de ce catéchisme, en lui assurant un nombre considérable d'assistants.

Deux choses manquaient encore, l'argent et un local. L'argent, ce fut la charité qui le donna, et il nous a été rapporté que la première somme qui est entrée dans la caisse de la future école Bossuet était une aumône de trois francs donnée par un domestique.

Le local, ce fut le patronage de Sainte-Mélanie, qui n'avait point oublié son ancien président, qui le fournit. Quelques mois avant son ordination au sacerdoce, l'abbé Thenon s'installait dans un des étages de la maison du patronage avec trois élèves qu'il commença à conduire lui-même au lycée.

Dans le cours de cette année l'œuvre grandit, et le nombre des élèves monta jusqu'à 30 ou 35.

Cependant, au mois d'octobre (1866), survint un événement, qui aurait été flatteur pour l'amour-propre de l'abbé Thenon, si son cœur n'eût été détaché des honneurs terrestres, mais qui semblait compromettre l'avenir de son œuvre. L'archevêque de Paris, sans consulter l'abbé Thenon, et sans même admettre les objections que celui-ci lui présenta, le nomma supérieur de l'École ecclésiastique et de l'École préparatoire des carmes en remplacement de M. Hugonin, promu à l'évêché de Bayeux. Chargé par obéissance de cette difficile mission, l'abbé Thenon ne se découragea pas. Il demanda et obtint la permission de continuer sa petite œuvre naissante et de la transporter dans un coin du vaste établissement dont il devenait directeur. Deux ans ne s'étaient pas écoulés que la petite graine était devenue grand arbre : l'externat de lycéens comptait près de 200 élèves et avait absorbé l'école préparatoire. L'école Fénelon, image et fille de l'école Bossuet, reproduisait la pensée du fondateur et doublait son action bienfaisante.

Les tristes événements de 1870 n'arrêtèrent pas cette prospérité. Obligé de sortir de Paris vers les derniers jours seulement de la Commune, l'abbé Thenon retrouva à Versailles une partie de ses élèves dispersés. Il ne se crut pas déchargé de sa mission paternelle, et, ayant rencontré une maison amie, il fonda l'école Bossuet de Versailles, suivant les cours du lycée de cette ville, et prépara d'un grand nombre de ses élèves les plus jeunes à la première communion.

L'école Bossuet de Versailles ne dura que quelques

mois. A la rentrée de 1871, l'école Bossuet revint dans la maison des carmes, et sa prospérité redevint croissante. Qui serait entré, en 1875, vers une heure de l'après-midi, dans la cour du n° 19, rue d'Assas, aurait pu voir l'abbé Thenon se promenant au milieu de l'immense cour des carmes actuellement transformée en jardin) et causant paternellement avec quelques jeunes gens, tandis que les autres, remplissant toute la cour, se livraient à des jeux animés auxquels leurs directeurs prenaient part. Il contemplait avec joie cette œuvre dont il avait conçu le plan dix ans auparavant, et qui avait grandi sous ses yeux, par l'effet de son travail continu et de ses prières.

C'est à ce moment que Dieu envoya à son serviteur une de ces épreuves choisies, destinées à manifester la vertu, et lui demanda, comme à Abraham, le sacrifice de cet Isaac qu'il aimait par-dessus tout. Le cardinal archevêque de Paris lui manifesta le désir de reprendre pour l'usage du diocèse ou plutôt pour celui de l'Église de France, le local de l'école des carmes, destiné à recevoir l'Université catholique de Paris. Il fallait que cette maison fût évacuée par l'école Bossuet, au moment même des vacances, sans que son directeur eût eu le temps de pourvoir à l'avenir. L'abbé Thenon n'hésita pas. En face d'un désir de l'autorité hiérarchique et en présence d'un intérêt général de l'Église, son cœur sacerdotal ne balança pas ; il fit le sacrifice de ce qui lui était le plus cher au monde, et déclara qu'il partirait avec son œuvre, sans savoir où il irait, et si l'œuvre pourrait subsister.

Dieu agréa son sacrifice, il lui fit trouver pour son œuvre une autre demeure, plus étroite et moins commode, mais où cependant le bien pouvait continuer à se faire. C'est dans cette maison de la rue Madame qu'il passa les dernières années de sa vie, déjà atteint par la maladie qui devait l'emporter ; mais toujours infatigable dans son zèle, toujours dévoué aux nombreux jeunes gens dont il était le père spirituel, l'ami et le confident ; toujours attaché à la vie intérieure, à la vie de communauté, dont il avait puisé l'amour à Saint-Sulpice. C'est là qu'il s'éteignit le 29 décembre 1881, à l'âge de cinquante ans, enlevé trop tôt à l'amour de ses enfants, de ses amis et de ses collaborateurs.

Parler de ses vertus exigerait un trop long développement. Disons seulement quelques mots de son détachement et de sa bonté. Ayant commencé son œuvre dans la pauvreté, il est mort pauvre : jamais il n'a pensé ni à lui-même ni à son avenir. Il a négligé également sa réputation littéraire, laissant à d'autres le soin de recueillir et de publier ses notes. Enfin de deux récompenses qui lui ont été offertes, il a refusé formellement l'une, la décoration de la Légion d'honneur, parce qu'elle n'était qu'honorifique, et il a accepté l'autre, le titre de membre du conseil supérieur de l'instruction publique, parce qu'elle lui a permis de travailler au bien des âmes et à la défense de la vérité.

Quant à sa bonté, elle est connue de tous ceux qui ont approché de lui ; elle exerçait son influence non seulement sur les enfants, sur les jeunes gens, sur ses fils spirituels, mais même sur ceux avec qui il n'avait que des rapports officiels ou d'ordre temporel, et l'on a vu souvent des professeurs étrangers aux croyances chrétiennes chercher à s'entretenir avec lui. Un dernier trait peindra au naturel ce cœur si tendre et si affectueux.

Ayant à bénir le mariage d'un ouvrier du patronage Sainte-Mélanie qu'il avait connu depuis son enfance, il avait préparé une allocution convenable à la circonstance. Mais une fois à l'église, et en présence des futurs époux, l'émotion le gagna, les souvenirs du patronage se pressèrent dans son cœur, la parole lui manqua, et il ne put que fondre en larmes.

Prions Dieu qu'il donne souvent à son Église des hommes pareils, et qu'il exauce les vœux de l'abbé Thenon, en conservant dans la foi et la vertu, ceux qu'il a aimés, pour qui il a prié, et pour qui sans doute il prie encore en ce moment.

L'ABBÉ DE BROGLIE

34

www.ingramcontent.com/pod-product-compliance
Lightning Source LLC
LaVergne TN
LVHW050318030726
842520LV00005B/1657